BIOGRAPHIC
DICKENS

狄更斯传

[英]迈克尔·罗伯
Michael Robb

著

徐春美 译

重庆大学出版社

狄更斯传

DIGENGSI ZHUAN

［英］迈克尔·罗伯　著

徐春美　译

BIOGRAPHIC
DICKENS

by Michael Robb

图书在版编目（CIP）数据

狄更斯传／（英）迈克尔·罗伯（Michael Robb）著；徐春美译 -- 重庆：重庆大学出版社，2022.8

（50 个标签致敬大师丛书）

书名原文：BIOGRAPHIC: DICKENS

ISBN 978-7-5689-3130-4

I. ①狄… Ⅱ. ①迈…②徐… Ⅲ. ①狄更斯（Dickens, Charles 1812-1870）– 传记　Ⅳ. ① K835.615.6

中国版本图书馆 CIP 数据核字（2022）第 114165 号

版贸核渝字（2021）第 062 号

Text © Michael Robb，2019，Copyright in the Work © GMC Publications Ltd, 2019

This translation of Biographic Dickens is published by arrangement with Ammonite Press an imprint of GMC Publications Ltd.

策划编辑：张菱芷

责任编辑：张菱芷　　　　装帧设计：琢字文化

责任校对：夏　宇　　　　责任印制：赵　晟

*

重庆大学出版社出版发行

出版人：饶帮华

社址：重庆市沙坪坝区大学城西路 21 号

邮编：401331

电话：（023）88617190　88617185（中小学）

传真：（023）88617186　88617166

网址：http://www.cqup.com.cn

邮箱：fxk@cqup.com.cn（营销中心）

全国新华书店经销

重庆新金雅迪艺术印刷有限公司印刷

*

开本：880mm×1240mm　1/32　印张：3　字数：155 千

2022 年 8 月第 1 版　2022 年 8 月第 1 次印刷

ISBN 978-7-5689-3130-4　定价：48.00 元

目录

标志性   06

介绍   08

01 生活   11

02 世界   33

03 工作   53

04 遗产   75

小传   92

标志性

当我们可以通过一系列标志性图像辨识出一位作家时，我们就能意识到，这位作家和他的作品对我们的文化和思想产生了多么深刻的影响。

介绍

查尔斯·狄更斯是英国文学巨擘，与威廉·莎士比亚齐名。他的成就令人惊叹——撰写了 15 部长篇小说和许多短篇小说，以及各种散文和新闻报道（总计超过 400 万字），主编杂志《家常话》（*Household Words*）和《一年四季》（*All the Year Round*）。现在，他的作品在世界各地仍被广泛阅读和研究，他塑造的人物在公众意识中依然鲜活生动。

狄更斯幼年贫穷。父亲因欠债坐牢，而狄更斯本人在 12 岁时就在一家鞋油作坊做工。他后来成长为一位非常受欢迎的公众人物，也是 19 世纪最著名的作家之一。狄更斯于 1870 年去世时，整个英语世界都为之哀悼。

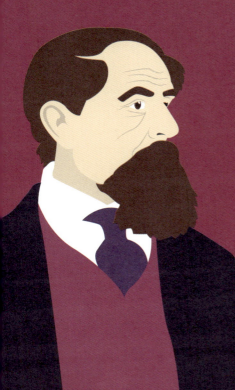

"有些书，做得好的只有封面和封底。"

——查尔斯·狄更斯
《雾都孤儿》（*Oliver Twist*）
1837—1839 年

狄更斯的生活和创作与维多利亚时代密不可分，与这个充满巨变的时代相呼应。他也与伦敦永远联系在一起——伦敦是当时世界上最大的城市，也是狄更斯的创作背景。狄更斯一生中大部分时间都居住在伦敦，他每天花数小时在伦敦街头散步，仔细斟酌最近正在创作的作品，还从周围的人物和事件中汲取灵感。他留心观察伦敦的各个阶层，穷人的遭遇是他许多著作的灵感，包括孤儿奥利弗·退斯特（Oliver Twist）的故事。

有些作家去世后才能显现出其伟大之处，与他们不同，狄更斯在世时就已经取得了巨大的成功。在大众传媒时代之前，公众的娱乐主要来自戏剧、杂技、杂志、报纸和小说。狄更斯的所有小说最初都是以连载的形式发表的。他的故事充分满足了大众的需求——每月连载的方式大大提高了其作品对民众的吸引力，成千上万的人翘首以盼狄更斯最新小说的下一期。他引领潮流，让人们认识到连载小说是一种相当重要的艺术形式，其他小说家也纷纷效仿，包括威廉·梅克皮斯·萨克雷（William Makepeace Thackeray）、乔治·艾略特（George Eliot）和托马斯·哈代（Thomas Hardy）。

狄更斯是伟大的，但之于家庭，他是有缺陷的。1836年，他与凯瑟琳·霍加斯结婚，两人育有10个孩子。狄更斯喜欢和他的孩子们一起玩游戏，他很会讲故事，并让孩子们参与家庭戏剧。但是，狄更斯并不总是忠于凯瑟琳。他深爱着凯瑟琳的妹妹玛丽，并为她17岁时的英年早逝悲痛欲绝。在结婚22年之后，狄更斯爱上了年轻女演员艾伦·特南，并因此离开了凯瑟琳。

狄更斯的作品历久弥新。时至今日，他的著作已被翻译成多种语言，供一代代读者反复阅读，并通过电影和电视改编不断得以重构。他的作品仍然频繁地出现在学校的考试大纲中。从斯克鲁奇（Scrooge）和奥利弗·退斯特到郝微香小姐（Miss Havisham）和米考伯先生（Mr Micawber），他塑造的许多人物都深深地融入了公众意识，甚至连从未读过他的书的人也可能熟悉这些名字。

狄更斯的吸引力之所以一直延续不断，还因为他的故事创立了许多圣诞节传统，特别是经久不衰的《圣诞颂歌》（*A Christmas Carol*），使"圣诞快乐！"（Merry Christmas!）这句问候语家喻户晓。他还让许多英语单词和短语，包括"困惑糊涂"（flummoxed）、"吝啬鬼"（Scrooge）和"外科医生"（sawbones）等留传下来。

很难用一本书概括完狄更斯的一生和他的无数成就。但是，使用信息图可以展示他惊人的产出和他的文学的标志性特征，从而有助于解释为什么在他诞生200多年后仍然位居英国最畅销的百名作家之列。

"摒弃表象，唯信证据。此乃最佳法则。"

——贾各斯先生（Mr. Jaggers）
引自《远大前程》（*Great Expectations*）
1860—1861 年

查尔斯·狄更斯

01
生活

"我会不会成为自己生命中的英雄？或是由别人来主宰一切？书中自有分晓。"

——查尔斯·狄更斯
《大卫·科波菲尔》（*David Copperfield*）
1849—1850 年

查尔斯·狄更斯

1812 年 2 月 7 日
出生于英格兰汉普郡的朴次茅斯

汉普郡

朴次茅斯

查尔斯·狄更斯出生于朴次茅斯一个相对较新的郊区兰德波特。与现在一样，当时的朴次茅斯也是皇家海军的基地。由于朴次茅斯在英吉利海峡沿岸的战略地位，它一直以来都是一个要塞港口，数百年来，一直面临来自法国的入侵威胁。狄更斯的小说也经常以海洋、水手和航海为主题。

查尔斯的父亲约翰·狄更斯是海军出纳处的职员。那个时期海军工作相当繁忙，因为自从世纪之交以来，英国就被卷入了与法国皇帝拿破仑·波拿巴的战争。

1809 年，约翰与伊丽莎白·巴罗结婚，他们的第一个孩子范妮于 1810 年出生。两年后，第二个孩子查尔斯·狄更斯出生。

起初，一家人住在麦尔安德排屋区的一栋联排别墅里。然而，在狄更斯生命的前六年里，父母共搬了五次家。首先在朴次茅斯地区，1815 年搬到伦敦，很快又在 1817 年底搬到了肯特郡的查塔姆。

英国

伦敦

同样出生于朴次茅斯的： ▶
伊桑巴德·金德姆·布鲁内尔
（Isambard Kingdom Brunel，1806—1859）
因修建了许多桥梁、隧道和铁路而
闻名遐迩。

美国 华盛顿特区

由于英国在拿破仑战争 (Napoleonic Wars) 中所采取的行动，美国总统詹姆斯·麦迪逊对英国宣战。

英国 伦敦

诗人拜伦勋爵作为英国上议院议员首次发表演讲，为诺丁汉郡勒德分子 (Luddite) [1] 反对工业化的暴力行为辩护。

英国 伦敦

首相斯宾塞·珀西瓦尔于 5 月 11 日被暗杀，他是唯一一位在任期间被刺身亡的英国首相。

委内瑞拉 加拉加斯

估计有超过 1.5 万人在一场里氏 7.7 级的地震中丧生。

西班牙 阿拉皮莱斯

由威灵顿领导的英军在萨拉曼卡战役（Battle of Salamanca）中击败了法国人，这是当时正在进行的半岛战争中的一次战役。

①勒德分子是 19 世纪英国工业革命时期，因为机器代替了人力而失业的技术工人。现在引申为持有反机械化以及反自动化观点的人。——译者注

俄国

拿破仑大军（超过 68 万人）试图入侵俄国。多年以后，柴可夫斯基著名的《1812 序曲》（*1812 Overture*）就是为了纪念俄国史诗般的防御战争而作的。

1812年
的世界

狄更斯出生于世界充满动荡和变化的时代。18 世纪末，美国和法国发生了革命，两者的影响仍在不断蔓延。拿破仑于 1799 年从法国革命政府手中夺取政权后，便与许多其他欧洲国家交战。当时英国正处于工业革命中，随着就业机会从农村转移到城镇，数百万人民的日常生活发生了重大变化。在狄更斯的一生中，随着交通（例如蒸汽火车）的发展，遥远的城市和国家更容易到达，这一切将产生更进一步的发展。然而，尽管城市发展创造了更多的就业机会，仍有成千上万人生活在贫困和肮脏的环境中，而社会公正将成为狄更斯许多文学作品的核心。

德国 卡塞尔

雅各布·格林和威廉·格林撰写的《儿童与家庭童话集》（*Children's and Household Tales*）出版，包含 86 个故事。此书更常见的名字为《格林童话》（*Grimms' Fairy Tales*）。

狄更斯家族

父亲

约翰·狄更斯
（John Dickens）
（1785—1851）

姐姐

弗朗西斯·
范妮·狄更斯
（Frances Fanny'
Dickens）
（1810—1848）

查尔斯·狄更斯
（Charles Dickens）
（1812—1870）

阿尔弗雷德·
狄更斯
（Alfred Dickens）
（生于1812年，
于同年夭折）

妹妹

利蒂希娅·狄更斯
（Letitia Dickens）
（1816—1893）

妻子

凯瑟琳·霍加斯
（Catherine
Hogarth）
（1815—1879）

儿子

查尔斯·查理·库
利福德·博兹·狄更斯
（Charles 'Charley'
Culliford Boz
Dickens）
（1837—1896）

女儿

玛丽·狄更斯
（Mary Dickens）
（1838—1896）

儿子

爱德华·布尔沃·
利顿·狄更斯
（Edward Bulwer
Lytton Dickens）
（1852—1902）

女儿

朵拉·安妮·狄更斯
（Dora Annie
Dickens）
（1850—1851）

狄更斯伟大的喜剧创作之一——《大卫·科波菲尔》里的威尔金斯·米考伯是以他的父亲为原型的。约翰经常遇到财务问题，花钱和借钱无度。从《匹克威克外传》（*The Pickwick Papers*）发表以来，狄更斯就经常帮父母渡过财政难关，并一直赡养他们。

1836 年，狄更斯与凯瑟琳·霍加斯结婚。凯瑟琳是《纪事晚报》（*Evening Chronicle*）的编辑乔治·霍加斯的女儿，而狄更斯是《纪事晚报》的记者。在 1858 年分居之前，狄更斯和凯瑟琳共育有 10 个孩子。

据说，狄更斯后来与一位年轻的女演员艾伦育有一个孩子，并为此离开了他的妻子，但这一点从未得到最终的证实。

母亲
伊丽莎白·巴罗
(Elizabeth Barrow)
（1789—1863）

哈里特·狄更斯
(Harriet Dickens)
（1822年出生，于同年夭折）

弟弟
弗雷德里克·狄更斯
(Frederick Dickens)
（1820—1868）

弟弟
阿尔弗雷德·狄更斯
(Alfred Dickens)
（1822—1860）

弟弟
奥古斯塔斯·狄更斯
(Augustus Dickens)
（1827—1866）

女儿
凯特·麦克雷迪·狄更斯
(Kate Macready Dickens)
（1839—1929）

儿子
沃尔特·兰道·狄更斯
(Walter Landor Dickens)
（1841—1863）

儿子
弗朗西斯·杰弗里·狄更斯
(Francis Jeffery Dickens)
（1844—1886）

儿子
亨利·菲尔丁·狄更斯
(Henry Fielding Dickens)
（1849—1933）

儿子
西迪尼·史密斯·哈尔迪曼德·狄更斯
(Sydney Smith Haldimand Dickens)
（1847—1872）

儿子
阿尔弗雷德·德奥赛·坦尼森·狄更斯
(Alfred D'Orsay Tennyson Dickens)
（1845—1912）

远大前程：
狄更斯的早年生活

1812

2月7日，查尔斯·狄更斯在朴次茅斯出生。

1817

狄更斯一家搬到肯特郡的查塔姆，在那里，他们度过了查尔斯童年最快乐的五年时光。大约8岁时，狄更斯写了他的第一篇小说——《印度苏丹米斯纳的悲剧》（Misnar, Sultan of India: A Tragedy）。父亲带他参观了盖德山庄，这是一栋宏伟的乡间别墅，年轻的狄更斯发誓有一天他会住进来（他确实做到了）。

1822

狄更斯10岁时，一家人搬到了伦敦并长期居住，这座城市将成为狄更斯许多主要作品的创作背景。

1830

狄更斯爱上了玛丽亚·比德内尔，这是他第一次坠入爱河。他写了许多热情洋溢的信，却没有得到任何回应。

1831

狄更斯成为一名议会记者。

1833

狄更斯在《月刊》（Monthly Magazine）杂志发表了第一篇小说《白杨庄晚宴》（A Dinner at Poplar Walk）。

1834

狄更斯成为《纪事晨报》（Morning Chronicle）的记者，结识了《纪事晚报》编辑的女儿凯瑟琳·霍加斯，发表了更多关于伦敦生活的小说和短剧。

儿时的狄更斯体弱多病。不过，长时间待在家里意味着他可以在父亲的书房里发现书籍——包括《汤姆·琼斯》（Tom Jones）、《鲁滨逊漂流记》（Robinson Crusoe）、《唐吉诃德》（Don Quixote）和《一千零一夜》（Arabian Nights）带来的无限乐趣，并阅读数不清的杂志。很小的时候，狄更斯就被带到伦敦，在萨德勒尔斯剧院（Sadler's Wells）见到了著名的小丑约瑟夫·格里马尔迪，他经常接触剧院的新奇事物和奇妙之处，对包括《麦克白》（Macbeth）在内的众多戏剧反应热烈。这一切培养了他对故事的热爱，也激发了他的想象力。

1824

狄更斯因欠债被关进了伦敦萨瑟克区的马夏尔西监狱。狄更斯开始在一家鞋油作坊做工，给鞋油罐贴上标签。

1825

狄更斯最终离开了鞋油作坊，回到了学校。

1827

狄更斯离开学校，在格雷律师会馆（Gray's Inn）为埃利斯和布莱克摩尔律师工作。在他未来的小说中，法律将占有重要地位，其中就包括《荒凉山庄》（Bleak House）。

1828/1829

狄更斯在博士院（Doctors' Commons，即民法律师协会）担任记者。

1835

狄更斯与凯瑟琳订婚。

1836

狄更斯与凯瑟琳结婚，结识了他的文学顾问和未来的传记作者约翰·福斯特，与演员威廉·麦克雷迪、艺术家丹尼尔·麦克利斯和作家威廉·梅克皮斯·萨克雷成为朋友，出版了描述伦敦生活的散文集《博兹札记》（Sketches by Boz）。

1837

《匹克威克外传》的出版获得了巨大的成功，狄更斯轰动了文坛。他的第一个孩子查尔斯出生了。凯瑟琳的妹妹玛丽·霍加去世令狄更斯悲痛欲绝。他担任《本特利杂文集》（Bentley's Miscellany）的主编（1837—1839），并首次出国旅行。

穿着讲究的狄更斯

离开学校后，狄更斯渴望摆脱穷困潦倒、颠沛流离的童年生活，将自己打造成一个衣着得体、时髦讲究的年轻人。狄更斯的第一份工作是在一家律师事务所，同时，他还是一名议会记者。他喜欢穿得花里胡哨并终生保持着这种风格，一丝不苟地把自己装扮得精致。

当时的社会文化主要由贵族主导，他们认为狄更斯是暴发户，总是厚着脸皮想要挤进上流社会。而且，他们认为狄更斯的着装品位也过分艳俗。鉴于此，他的上级也对他略带轻蔑。

珠宝

狄更斯喜欢在手上戴戒指和在衣服上装饰珠宝，他经常在马甲上挂一条长长的金表链。

靴子

狄更斯的鞋子总是很时髦，而且擦得铮亮。

头发

狄更斯留着一头浓密的、时髦的浅棕色长发。

脸

狄更斯的五官略显女性化，长相英俊。

领结

领结或其他形式的领带，通常是丝质的。

马甲

狄更斯以其深红色或其他颜色鲜艳的花哨马甲而闻名，马甲上通常还有图案。

大衣

一款时髦的、带有天鹅绒高领的大衣。

1842 年，狄更斯访问美国，美国人也不认可他浮夸的着装品味。

"衣着、举止和思想都极其粗俗。"

——华盛顿·欧文

"他的整个外表都是浮华的。"

——《圣路易斯人民报》

斗篷

出行时，狄更斯会披上帅气的蓝色斗篷，戴上高礼帽。

狄更斯与他生命中的女性

狄更斯与他生命中的女性有着错综复杂的关系。他对女性抱有浪漫且理想化的幻想，这无疑促使他创作了一些非常著名的女性角色。从他的母亲到他的初恋玛丽亚·比德内尔，再到年轻女演员艾伦·特南，狄更斯一直都在找寻那位独一无二的完美女人。

伊丽莎白·狄更斯
（Elizabeth Dickens）

狄更斯的母亲似乎是一个善良随和的女人。然而，她却把 12 岁的狄更斯送到一家鞋油作坊给鞋油瓶贴标签，狄更斯似乎从未原谅她的这种做法。

玛丽亚·比德内尔
（Maria Beadnell）

玛丽亚是狄更斯的初恋，狄更斯给她写了无数封情书。她是《大卫·科波菲尔》中美丽但幼稚的朵拉的原型，而她对狄更斯的拒绝（据说，她称他为"纯粹的男孩"）也可能促使狄更斯创作了《远大前程》中冷酷的埃斯特拉。

奥古斯塔·德拉鲁
（Augusta de La Rue）

狄更斯与奥古斯塔和她的丈夫成了朋友。借助自己学会的催眠术，狄更斯缓解了奥古斯塔严重的神经性疾病。

安吉拉·伯德特 - 库次
（Angela Burdett-Coutts）

安吉拉是一位富有的女继承人和慈善家，她与狄更斯共同出资，为失足女性组建了一个家。

凯瑟琳·霍加斯
（Catherine Hogarth）

狄更斯曾经称呼凯瑟琳是他"亲爱的老鼠"或者"宝贝的猪猪"。凯瑟琳嫁给狄更斯并为他生育了 10 个孩子，但在结婚 22 年后，狄更斯离开了凯瑟琳。

乔治娜·霍加斯
（Georgina Hogarth）

凯瑟琳的妹妹乔治娜在 15 岁时加入了狄更斯一家。狄更斯离开凯瑟琳时，乔治娜依然留在狄更斯身边，为他料理家务。关于乔治娜和狄更斯之间的关系，一直以来都有未经证实的猜测。她一直活到 1917 年，并编辑了三卷狄更斯的书信。

玛丽·霍加斯
（Mary Hogarth）

刚结婚时，狄更斯和凯瑟琳与凯瑟琳的妹妹玛丽住在一起。玛丽在 17 岁时突然去世，狄更斯为此悲痛欲绝。这位纯真的少女后来成为狄更斯书中几个角色的灵感来源，包括《老古玩店》（The Old Curiosity Shop）中的小内尔。

艾伦·特南
（Ellen Ternan）

艾伦·特南是一位年轻的女演员，在表演《冰海深处》（The Frozen Deep）时与狄更斯相遇。《冰海深处》是狄更斯的朋友——作家威尔基·柯林斯写的一出戏剧。在凯瑟琳发现狄更斯为艾伦买的金手镯后，狄更斯离开了她。人们普遍认为，艾伦成了狄更斯的情人。

关键词　 母亲　　 初恋　　 妻子　　 朋友

 疑似情人　　 悲剧性的灵感来源

狄更斯后来的生活

成为全职作家后，狄更斯一直很活跃，同时参与多个项目的工作。他通常会至少连载一部小说，同时也写其他文章和故事，他还编辑杂志，参与各种业余戏剧表演，与家人、朋友会面和用餐。后来，他还向公众朗读自己的作品，日程安排十分紧凑。

1838

《雾都孤儿》出版。狄更斯访问了英格兰北部的学校，为他的下一本书做准备。

1844

狄更斯和家人游览了意大利、瑞士和法国。

1846

狄更斯成为《每日新闻》（Daily News）的主编，但在出版17期后辞职。《董贝父子》（Dombey and Son）出版。

1839

《尼古拉斯·尼克尔贝》（Nicholas Nickleby）出版。

1843

《圣诞颂歌》于12月出版，开启了狄更斯每年出版一本圣诞主题小说的传统。

1847

狄更斯帮助安吉拉·伯德特-库次为失足女性组建并经营一个家。

1840

狄更斯推出了一份新的周刊《汉普雷老爷的钟》（Master Humphrey's Clock），该周刊一直发行到1841年12月。

1842

狄更斯第一次访问美国，回国后出版了《游美札记》（American Notes）。《马丁·朱述尔维特》（Martin Chuzzlewit）出版。

1850

狄更斯的新周刊《家常话》开始发行。

1851

狄更斯的父亲去世。

1852

《荒凉山庄》出版。次年，狄更斯首次公开朗读自己的作品。

1856

狄更斯买下肯特郡罗切斯特的盖德山庄。

1859

狄更斯开始发行新杂志《一年四季》（周刊）。

1858

狄更斯与妻子凯瑟琳分居。

1857

作家安徒生到访盖德山庄。狄更斯出演威尔基·柯林斯的戏剧《冰海深处》。

1860

《远大前程》出版。

1867

狄更斯第二次访问美国，他在波士顿、纽约、华盛顿等地开展朗读活动。

1870

月刊《艾德温·德鲁德之谜》（*The Mystery of Edwin Drood*）的前6期出版。

1863

狄更斯的母亲和他的儿子沃尔特去世，当时沃尔特在印度服兵役。

1865

狄更斯与艾伦·特南和她的母亲一起遭遇了斯泰普尔赫斯特火车事故，但都没有受伤。

1870

6月9日，狄更斯在盖德山庄晕倒后去世。他被安葬在威斯敏斯特教堂。

狄更斯
的一天

午夜

就寝

22 点

晚上的后半段时间，狄更斯与家人或朋友一起度过。他喜欢有人陪伴和社交。

18 点

狄更斯经常和朋友一起用餐——用餐时间可能会持续几小时，这取决于一起用餐的对象是谁。

14 点

短暂的午餐休息之后，狄更斯会在城里或乡村散步 3 小时。在此期间，他会仔细琢磨小说的故事情节、人物和构思。

狄更斯精力充沛，他努力用各种方式让自己的精力得到充分利用。他严格遵守每日的作息时间表，确保周围环境整洁干净。即使不在家，他要做的第一件事也是整理房间，使其成为完美的工作场所。

狄更斯非常多产。他写了 15 部长篇小说、无数短篇小说和散文，他还编辑杂志。此外，狄更斯参与了许多业余戏剧的制作，并定期与其他作家和演员会面，以及在国内外旅行。

01
02
03
04
05
06
07
08
09
10
11

7点
起床

8点
早餐

9点
工作时间

狄更斯工作时需要安静和独处，需要在他的办公室桌上放一瓶鲜花，需要将他的羽毛笔放在常用的地方。通常，他每天至少写 2 000 字，即使写不出来，他也坚持按照自己的日程安排，在桌前涂鸦或思考。

关于狄更斯，
你可能不知道的 10 件事

01

鸟类爱好者

狄更斯有一只名叫格里普的宠物乌鸦，曾出现在《巴纳比·拉奇》（*Barnaby Rudge*）一书中。作家埃德加·爱伦·坡为此书写了书评，并对书里描写的这只乌鸦非常感兴趣。许多人认为，爱伦·坡受到格里普的启发，于 1845 年创作了《乌鸦》（*The Raven*）一诗。

02

催眠师

狄更斯痴迷于催眠疗法（催眠术），并学会了这项技能。起初他只在妻子和孩子身上练习，后来他帮助治愈了几个朋友。

03

没有童话般的结局

安徒生受邀拜访了狄更斯及其家人，但似乎逗留过久而不再受欢迎。他离开后，狄更斯在更衣室的镜子上方留下了一张卡片，上面写着："安徒生在这个房间里睡了五个星期——但在全家人看来却是几个世纪。"

04

与孩子们打成一片

狄更斯是个昵称爱好者，称自己为"举世无双"，他还为孩子们取了各种昵称。弗朗西斯的昵称是"偷鸡贼"，阿尔弗雷德的昵称是"小柱子"，凯特的昵称是"火柴盒"，他的第十个孩子爱德华的昵称是"普洛恩"。

05

一夜好眠

狄更斯睡觉总爱朝北。只要是他睡觉的房间，狄更斯都会重新布置家具，让床呈南北走向。然后，他会躺在床的正中央，向两侧伸展双臂，以此对抗失眠。

06

猫爪

在他忠诚的猫鲍勃去世后，狄更斯用猫爪子做了一把拆信刀，现陈列于纽约公共图书馆（New York Public Library）。

07

真真假假

狄更斯在盖德山庄的书房里有一个假书柜，实际上是一扇暗门。

08

魔术时刻

狄更斯是一位业余魔术师，在朋友约翰·福斯特的协助下，他经常给家人、朋友表演魔术。作家托马斯·卡莱尔的妻子简·卡莱尔称他为"我见过的最棒的魔术师"。

09

小红帽

狄更斯在《家常话》里的一篇文章中透露，他的初恋是儿童故事中的小红帽。

10

纸币头像

从 1992 年到 2000 年，狄更斯的头像被印制在英国 10 英镑纸币上，后来被查尔斯·达尔文取代，在 2017 年达尔文又被简·奥斯汀取代。

1870 年 6 月 9 日，狄更斯在罗切斯特的盖德山庄因中风去世。原本计划将他安葬在罗切斯特大教堂，但是，由《泰晤士报》牵头，公众发起了强烈抗议，因此狄更斯最终被安葬在伦敦威斯敏斯特教堂的诗人角。

在遗嘱中，狄更斯要求"用简洁的英文将我的名字刻在墓碑上，我的作品自然会使我的国家铭记我"。

威斯敏斯特教堂的简洁铭文如下：

查尔斯·狄更斯，生于 1812 年 2 月 7 日，卒于 1870 年 6 月 9 日

> "月升月落之时，月光总是清冷的。阳光也是如此，生命之光亦是如此。"
> ——查尔斯·狄更斯《双城记》（A Tale of Two Cities），1859 年

葬礼

狄更斯的葬礼是一个非常私密的小型仪式，在 6 月 14 日清晨举行。但在那之后，前来吊唁、瞻仰的人们络绎不绝，因此墓地开放了两天。数日之后，仍然有人来献上鲜花。

12 人

参加葬礼的人数（只是亲密的家人和朋友）。

10 000 人以上

葬礼后的两天内来墓地吊唁致敬的人数。

狄更斯之死

葬在诗人角的其他作家：

狄更斯与许多著名作家葬在一起，例如杰弗雷·乔叟、埃德蒙·斯宾塞、理查德·谢里丹和塞缪尔·约翰逊。在狄更斯之后葬于此处的作家包括托马斯·哈代、阿尔弗雷德·丁尼生勋爵（见右图）和鲁德亚德·吉卜林。

狄更斯传

查尔斯·狄更斯

02
世界

"这是最好的时代，这是最坏的时代。"

——查尔斯·狄更斯
《双城记》（*A Tale of Two Cities*）
1859 年

不列颠尼亚统治海洋

不列颠万岁

《不列颠万岁》(Rule, Britannia!) 是一首英国的爱国主义歌曲，歌词源自詹姆斯·汤姆森的诗，1740 年由托马斯·阿恩作曲。维多利亚时代，歌词由"不列颠尼亚，统治海洋吧！"改为"不列颠尼亚统治海洋"。

非洲

随着欧洲列强瓜分非洲，英国也卷入"非洲争夺战"（Scramble for Africa）。杰里比夫人（《荒凉山庄》中虚构的慈善家）更热衷于帮助遥远的非洲部落，而不是自己的家人。

北美洲

1776 年美国获得独立之后，加拿大以及加勒比海的部分地区仍然是大英帝国的一部分。狄更斯曾两次前往美国——《马丁·朱述尔维特》(Martin Chuzzlewit) 的部分写作背景。

印度

17 世纪，英国人首次前往印度，通过东印度公司进行贸易。在 1857 年印度士兵叛乱之后，英国王室接管了印度。1876 年，维多利亚女王加冕为印度女皇。狄更斯的儿子沃尔特加入了东印度公司，随后加入了在印度的英国陆军。

 大英帝国的版图

狄更斯生活的时代，英国是全球的霸主。随着帝国的不断壮大，英国控制了世界多个地区（包括非洲的部分地区、印度、远东、加勒比海、加拿大和澳大利亚），以及全球一些最重要的海上航线，不断巩固其实力。英国扮演了全球警察的角色（这一时期被称为"泛英时代"，即 Pax Britannica），并控制了包括中国在内的多个国家的经济。19 世纪通常被称为"不列颠帝国世纪"（Britain's Imperial Century），大英帝国在狄更斯的生活和著作中都有着举足轻重的作用。

俄国

在克里米亚战争（Crimean War，1853—1856）期间，英国、法国和奥斯曼帝国向俄国宣战，试图限制俄国的扩张计划。电报的发明意味着公众可以对战争的进展情况有更直接的了解，所以当时有很多针对英国行政无能的批评，狄更斯由此得到启发，在小说《小杜丽》（*Little Dorrit*）里创建了一个"推三阻四办公室"。

中国香港

鸦片战争（Opium Wars，1840—1860）期间，英国于 1841 年占领了中国香港。狄更斯最后一部未完成的小说《埃德温·德鲁德之谜》（*The Mystery of Edwin Drood*）的主角之一约翰·贾斯珀是一位鸦片瘾君子。维多利亚时代的小说经常会描写鸦片馆耸人听闻的场景，吸鸦片的人主要是在远东染上鸦片瘾的水手。

澳大利亚

在 1788 年成为流放地后，英国在澳大利亚的殖民地在整个 19 世纪变得越来越重要。《远大前程》的故事情节就是围绕着从澳大利亚返回英国的罪犯马格维奇展开的。

伦敦生活

狄更斯一生中的大部分时间都在伦敦度过。童年时期，由于父亲遇到资金问题，一家人多次搬家。成年后，狄更斯经常在伦敦街头散步，往往一次长达数小时，对伦敦了如指掌，后来伦敦成为他大部分小说的故事背景。

狄更斯小说中的伦敦地标建筑：

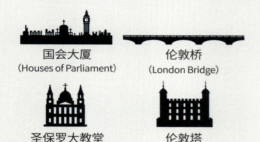

国会大厦
（Houses of Parliament）

伦敦桥
（London Bridge）

圣保罗大教堂
（St Paul's Cathedral）

伦敦塔
（Tower of London）

狄更斯小说中地标建筑的出现频率：

15 本

故事背景中出现伦敦的狄更斯小说数量。

塔维斯托克寓所

1851—1858 年，狄更斯的大家庭需要一座更大的房子。

诺福克街 10 号

1815—1817 年，狄更斯初次体验了伦敦这座城市。

贝哈姆街 16 号

1822—1824 年，狄更斯一家住在这里，这是一栋较小的排屋。传记作家约翰·福斯特称这一地区为"伦敦郊区最贫困的地区"。

约翰逊街 29 号

1824 年 5 月，约翰·狄更斯出狱，一家人搬回来住在一起。三年后，因为没钱付租金，他们被赶了出去。

弗尼瓦尔旅店 13 号和 16 号

1834 年，狄更斯入住弗尼瓦尔旅店 13 号。1836 年，狄更斯与凯瑟琳结婚后，夫妇二人回到弗尼瓦尔旅店 16 号，与狄更斯的弟弟弗雷德和凯瑟琳的妹妹玛丽一起，住在一套新装修的套房里。

德文郡排屋 1 号

1839 年 12 月，由于家庭不断壮大，狄更斯一家搬进了摄政公园（Regent's Park）对面这栋雅致的房子。

道堤街 48 号

从 1837 年开始，狄更斯在这里住了两年。算上地下室和阁楼，这栋房子一共有 5 层楼、14 个房间，后面还有一个小花园。狄更斯在这里完成了《匹克威克外传》，并开始写作《雾都孤儿》和《尼古拉斯·尼克尔贝》。这栋房子现在是狄更斯博物馆。

塞尔伍德排屋 11 号

1835—1836 年，为了离未婚妻凯瑟琳·霍加斯更近一些，狄更斯在这里短暂居住，给凯瑟琳写了许多浓情蜜意的情书。

维多利亚时期的伦敦

狄更斯在世时，伦敦的人口从 140 万增长到 400 万，每天都有更多的人来到这座城市工作。19 世纪中叶，伦敦是世界上最繁忙的城市。直到 19 世纪末，巴黎和纽约等城市才能与伦敦比肩。伦敦的街头不分昼夜挤满了大量小贩，他们大声叫嚷着推销自己的商品，招揽顾客。据估计，到 1850 年，伦敦有超过 3 万名成年人（以及未知数量的儿童）在街头叫卖货物。

19 世纪伦敦的城市景象也经历了一场变革——主要的新建筑、广场、街道和交通都出现在这个时期。

重要事件

1829	1855	1858	1862	1863
伦敦警察厅成立	《每日电讯报》创刊	第一个下水道系统获批修建	泰晤士河堤岸开工建设	伦敦地铁开通

尤斯顿火车站落成
1837

帕丁顿火车站落成
1838

纳尔逊纪念柱落成
1843

人口

140万	160万	190万	220万	280万	310万	400万
1811	1821	1831	1841	1851	1861	1871

水晶宫落成

1851

维多利亚与艾尔
伯特博物馆落成

1852

大本钟落成

1859

万国博览会 （The Great Exhibition）

万国工业博览会是维多利亚时代的高光时刻之一，在伦敦海德公园宏伟的水晶宫举办，从1851年5月开始，历时六个月。尽管展品来自全球各国，而不仅仅是大英帝国，但此次展览的主要目的是推动英国成为世界工业发展领袖。

参观
总人数：

600 万

平均每日
参观人数：

42 831

1/3 的英国人
都参观过

1.4 万件
展品

展品包括：加法机、一台巨大的液压机、一台每小时印制 5 000 份《伦敦新闻画报》（*Illustrated London News*）的蒸汽锤式印刷机、一台卷烟机、蒸汽机、铁路机车、枪支、早期的自行车和世界上最大的钻石——光之山（Koh-i-noor）。

水晶宫

108 英尺（约 33 米）

1848 英尺（约 563 米）

约瑟夫·帕克斯顿设计的万国博览会展览馆由铸铁和平板玻璃建成。展览结束后，该建筑于 1854 年在南伦敦的西德纳姆重建，附近地区也更名为水晶宫。1936 年，水晶宫被大火烧毁。

狄更斯参观万国博览会

尽管狄更斯对博览会中科学技术进步的精彩展示表示赞赏，但他在 1851 年 7 月参观时，并没有像其他人那样印象深刻，他称其为"取之不竭的无聊钱包"。

其他著名的参观者

- 查尔斯·达尔文（见左图）
- 路易斯·卡罗尔
- 乔治·艾略特
- 阿尔弗雷德·丁尼生勋爵
- 夏洛蒂·勃朗特

出行

步行

3 英里 / 小时
（约 5 千米 / 小时）

19 世纪中叶，每天有超过 20 万人步行进入伦敦，到 1870 年则超过了 75 万人。

公共马车

6 英里 / 小时
（约 10 千米 / 小时）

乘客：
可达 26 人

驿站马车

12 英里 / 小时
（约 19 千米 / 小时）

乘客：
约 20 人

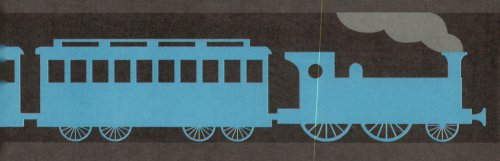

1812 年狄更斯出生时，伦敦周围主要的公共交通方式是步行，对于那些付得起钱的人来说，也可以乘坐马车。到 1870 年狄更斯去世时，公共交通工具的种类多了很多，蒸汽火车已司空见惯，旅行用时也随之缩短。伦敦的街道变得更加繁忙——挤满了行人、马匹和许多不同类型的交通工具。从《匹克威克外传》和《尼古拉斯·尼克尔贝》等早期小说中的马车和马匹，到《董贝父子》中撞死卡克的蒸汽火车，这些日新月异的变化都反映在狄更斯的作品中。

蒸汽火车

22 英里 / 小时（约 35 千米）

乘客：
到 1845 年，蒸汽火车在英国每年运送的乘客超过 3000 万人次。

第一条铁路线：
伦敦到伯明翰，112 英里（约 180 千米）长，1838 年开通。

哈克尼出租马车

5~10 英里 / 小时
（约 8~16 千米 / 小时）

乘客：2~3 人

地铁

30~40 英里 / 小时（约 48~64 千米 / 小时）

乘客：
伦敦地铁开通首日就运送了 3.8 万名乘客。

第一条地铁线路：
帕丁顿到法林顿，1863 年开通。

细节：
由蒸汽机车牵引的木制车厢，车厢里有煤气灯照明。

发展：
修建了更多的地铁线路，还于 1890 年引入电动列车。

轮船

5~10 英里 / 小时
（约 8~16 千米 / 小时）

乘客：
每天 1.3 万

船只数量：
大约在 19 世纪中叶，每 4 分钟就有一艘轮船在伦敦桥和威斯敏斯特桥之间穿行。

斯泰普尔赫斯特火车事故

1830 年，利物浦至曼彻斯特铁路开通时，罗伯特·斯蒂芬森设计建造的"火箭号"（Rocket）完成了首次商业火车旅行。之后，铁路迅速发展，遍布全国，成为最快的运输方式（时速可达 80 英里，约 129 千米/小时）。然而，如此快的速度也带来了一些不良后果。第一位遇难者是议员威廉·赫斯基森，在这趟首次旅行中，他被火箭号撞倒身亡。随后发生了更多的伤亡事件，其中包括著名的 1865 年斯泰普尔赫斯特火车事故。这次事故涉及查尔斯·狄更斯本人，他对此次事故感到无比震惊，此后对乘火车旅行总是感到紧张。事故发生五年后，他就去世了。

日期：
1865 年 6 月 9 日

时间：
15：13

地点：
肯特郡斯泰普尔赫斯特

线路：
东南干线

火车：
东南铁路，从福克斯通到伦敦

事故：
火车脱轨掉下了 10 英尺（约 3 米）高的比尔特高架桥

2 节 二等车厢　3 节 司闸车厢

未受损

起因
由于工程施工拆除了一段铁轨，留下 42 英尺（约 13 米）长的缺口。

警示
离缺口处 554 码（约 0.5 千米）的地方，有人挥舞警示旗，但列车已经无法及时停下。如果警示距离加倍，火车就不会出事故。

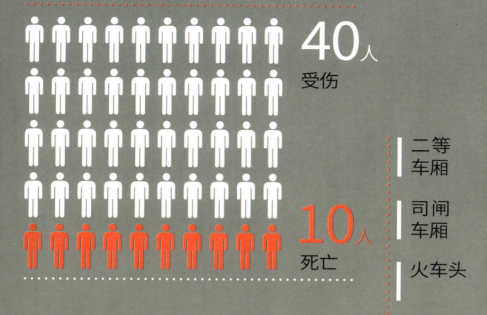

40人 受伤

10人 死亡

二等 车厢

司闸 车厢

火车头

未受损

7节 一等车厢 坠毁

狄更斯卷入此次事故

- 查尔斯·狄更斯和他的情人艾伦·特南及其母亲（从法国回来）一起坐在第一节头等车厢里，他们没有受伤。

- 他们乘坐的那节头等车厢没有掉进河里，而是危险地悬在高架桥的边缘。

- 狄更斯首先救了艾伦和她的母亲，然后花了数小时照料其他乘客，用他的帽子给他们盛白兰地和热水喝。

- 后来，狄更斯从他乘坐的车厢里抢救出了《我们共同的朋友》（*Our Mutual Friend*）的手稿。

- 狄更斯被认了出来。第二天，《伦敦新闻画报》重点报道了这一事件。

狄更斯和济贫院

狄更斯小时候亲眼目睹并亲身经历过贫困，因此，他总是很关心穷人和不幸者的命运。在他的一生中，多达 25% 的人口生活在某种形式的贫困之中。1834 年，英国颁布了《济贫法修正案》（The 1834 Poor Law Amendment Act），想要通过建造济贫院来解决这个问题。济贫院旨在劝阻人们不要申请贫困救济，而且申请条件也令人望而生畏。像许多其他人一样，狄更斯讨厌济贫院制度，认为穷人是它的牺牲品。

500
1834 年《济贫法修正案》通过后，新建的济贫院（或称"收容所"）数量

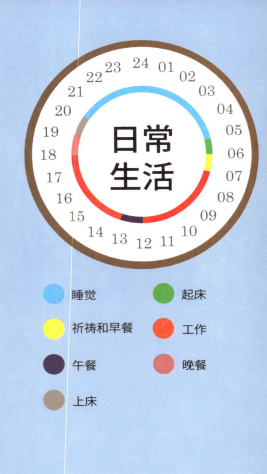

日常生活

- 🔵 睡觉
- 🟢 起床
- 🟡 祈祷和早餐
- 🔴 工作
- 🟣 午餐
- 🔴 晚餐
- ⚪ 上床

食物：

早餐：
面包和燕麦粥

午餐：
每周吃三次清炖肉，其他
时候喝汤

晚餐：
面包和奶酪

到达济贫院后，新成员被分成七组，各组之间互不相见：

年老或有病
的体弱女性

年老或有病
的体弱男性

15 岁以上
的健壮女性

15 岁以上
的健壮男性

7 ~15 岁
的女孩

7 ~ 15 岁
的男孩

7 岁以下
的儿童

7 个
不同的
群体

《雾都孤儿》

狄更斯写这部小说就是为了突出济贫制度对在济贫院出
生和长大的无辜儿童的苛刻对待。他描述了济贫院对儿
童疏于照管、虐待和使其挨饿等情况。

未完待续……
对连载小说的狂热

《匹克威克外传》（**The Pickwick Papers**）
查尔斯·狄更斯
分 19 次连载发表

19 期

1836—1837

《基督山伯爵》（**The Count of Monte Cristo**）
亚历山大·仲马
在《辩论报》（**Journal des Debats**）上连载

18 期

1844—1846

《白衣女人》（**The Woman in White**）
威尔基·柯林斯
在《一年四季》上连载

40 期

1859—1860

杂志日

在英国，每个月的最后一个工作日都会出版新版的月刊，人们热切期待着这一天。许多作家非常擅长写连载小说，经常在一期结束时留下悬念，激发读者对下一期的期待。狄更斯的《老古玩店》（1840—1841）就是一个很好的例子，读者都迫切地想知道心爱的角色小内尔的命运。

《海底两万里》（20 000 **Leagues Under the Sea**）
儒勒·凡尔纳
在《教育杂志》（**Magasin d'Education**）上连载

16 期

1869—1870

维多利亚时代，连载小说开始流行。此前，严肃的小说家看不起连载小说，他们想要出版精装本。但是，狄更斯的《匹克威克外传》（1836）的成功改变了这一点，也证明了连载形式的可行性和成功。连载小说使读者回头购买更多的杂志，许多杂志的成功都建立在这一趋势之上。随后，连载小说也成为美国和欧洲的标配。在此期间，美国的《哈泼斯》（Harper's）和《大西洋月刊》（The Atlantic）等杂志不断发展壮大。当出版商出版整部小说的精装本时，他们又可以大赚一笔。

《名利场》（Vanity Fair）
威廉·梅克皮斯·萨克雷
在《笨拙周报》（Punch）
上连载

20 期

1847—1848

《汤姆叔叔的小屋》(Uncle Tom's Cabin)
哈丽叶特·比切·斯托
在《国家时代》
(National Era) 上连载

10 期

1851—1852

《妻子和女儿》（Wives and Daughters）
伊丽莎白·盖斯凯尔
在《康希尔杂志》（The Cornhill Magazine）上连载

20 期

1864—1866

《罪与罚》(Crime and Punishment)
费奥多尔·陀思妥耶夫斯基
在《俄国导报》(The Russian Messenger)上连载

12 期

1866

《米德尔马契》
(Middlemarch)
乔治·艾略特
分 8 期发表

8 期

1871—1872

《远离尘嚣》（Far from the Madding Crowd）
托马斯·哈代
在《康希尔杂志》
上连载

12 期

1874

《贵妇画像》
（Portrait of a Lady）
亨利·詹姆斯
在《大西洋月刊》
上连载

12 期

1880—1881

与皇家的联系

1840 年，狄更斯受委托写了一本小书《年轻夫妇的素描》（*Sketches of Young Couples*），借维多利亚与艾尔伯特亲王的婚姻大赚一笔。

狄更斯成年后，维多利亚女王、她的开明时代和她的帝国都稳定不变（她于 1837 年成为女王）。尽管他们在狄更斯晚年才见面，但据说女王是狄更斯作品的粉丝。

1851 年，维多利亚和艾尔伯特观看了狄更斯的一部业余戏剧作品——《我们看起来并不那么糟糕》（*Not So Bad As We Seem*），剧本由爱德华•布尔沃 - 利顿创作。

1857 年 7 月，狄更斯和他的剧团为王室派对上演了《冰海深处》的特别演出，但狄更斯拒绝了随后觐见女王的邀请，因为他不想在穿着戏服化着妆的时候见她。

维多利亚在位初期，狄更斯和几位朋友（包括丹尼尔•麦克利斯和约翰•福斯特）自称深爱着女王，当他们发现名为"女王之首"和"女王之臂"的酒吧时，欣喜若狂。

1870 年 3 月，就在狄更斯去世的前几个月，他和维多利亚终于见面了。出于礼节，尽管脚肿了，狄更斯在整个 90 分钟的觐见过程中都一直站着。

查尔斯·狄更斯

03
工作

"没有哪位当代英国作家的作品能被全家人如此广泛地阅读……

......能取悦男主人，也能取悦女主人和孩子，还能取悦仆人。"

——沃尔特·白芝浩（Walter Bagehot）
记者兼散文家，1858 年

重要作品：《匹克威克外传》

《博兹札记》体现狄更斯对伦敦生活的观察，他借此确立了自己的作家身份。但是，《匹克威克外传》的出版让狄更斯获得了成功并确保了他作为作家的未来。这部按月连载的《匹克威克外传》最初被出版商查普曼和霍尔视为一系列给插画家罗伯特·西摩的幽默运动版画的配文。然而，狄更斯说服出版商让他来设定主题，创作一系列关联性不大的冒险故事，并让西摩用插画给这些故事配图。他构思了匹克威克先生这一角色，仍然使用笔名"博兹"进行创作。

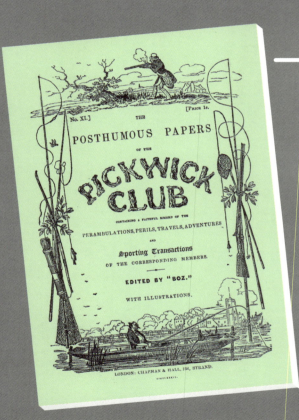

完整标题

《匹克威克俱乐部遗稿——忠实记录俱乐部成员的漫游、险境旅行、冒险和交易等。》

博兹主编

第4期介绍了伦敦人萨姆·韦勒（Sam Weller）这个幽默的角色，他是匹克威克先生的贴身男仆。他的人气影响了《匹克威克外传》的发展方向，也使该连载故事越来越成功。

1836 年 3 月

首发日期。每月最后一个工作日发布新版月刊。

第2期出版后，插画家罗伯特·西摩自杀。19岁的"费兹"（Phiz，真名哈布洛特·奈特·布朗）接手了第4期，并在接下来的24年里成为狄更斯的插画家。

19

月刊期数（1837 年 10 月的完结篇是在双月出版的）。1837 年 5 月没有连载，因为当时狄更斯的妻妹玛丽去世了，他为此悲痛不已。这是他职业生涯中唯一一次没有按时交稿。

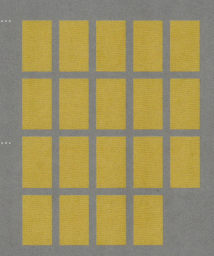

32

每期的页数。狄更斯说服出版商从第 3 期开始增加每期的页数（以前是 26 页）。随着杂志越来越受欢迎，后来的杂志上出现的广告页也越来越多。

销售数据

- 🔴 第一期销量数量
- 🔵 第二期销量不佳
- 🟠 常规销售数量
- 🟢 销量巅峰

40 000 册

20 000 册

500 册

1 000 册

主题

- 司法不公
- 贫困
- 父权
- 监禁
- 金钱

死神

1840 年，人们的平均寿命仅为 42 岁，1/6 的儿童在一岁前就夭折了。狄更斯一家也不例外——8 个孩子中，他排行第二，但第 3 个孩子（阿尔弗雷德）在 6 个月大时夭折了。狄更斯和妻子凯瑟琳也失去了 8 个月大的女儿朵拉，而狄更斯的妻妹玛丽·霍加斯在 17 岁时突然去世，狄更斯因此伤心欲绝。毫不奇怪，死亡在狄更斯的小说中占有重要地位。

每部小说中死亡的主要人物数量：

《荒凉山庄》 👤👤👤👤👤👤👤👤

《大卫·科波菲尔》 👤👤👤👤👤👤👤👤

《我们共同的朋友》 👤👤👤👤👤

《远大前程》 👤👤👤👤

《小杜丽》 👤👤👤👤

《董贝父子》 👤👤👤👤

《尼古拉斯·尼克尔贝》 👤👤👤👤

《双城记》 👤👤👤

《巴纳比·拉奇》 👤👤👤

《老古玩店》 👤👤👤

《雾都孤儿》 👤👤👤

《艰难时世》 👤👤

《马丁·朱述尔维特》 👤👤

《艾德温·德鲁德之谜》 👤

《匹克威克外传》 👤

53

狄更斯小说中死亡的主要人物总数

最可怕的死亡：

南希
（《雾都孤儿》）
被毒打致死

克鲁克
（《荒凉山庄》）
自燃而死

卡克
（《董贝父子》）
被火车撞死

郝薇香小姐
（《远大前程》）
被火烧死

最催人泪下的死亡：

小内尔
（《老古玩店》）

备受喜爱的小内尔在经历了一段曲折的旅程后逐渐衰弱、死亡，使得读者悲痛欲绝。

斯迈克
（《尼古拉斯·尼克尔贝》）

斯迈克是一个孤儿，由残酷的沃克福德·斯奎尔斯（Wackford Squeers）照管，过着绝望的生活。他死于肺结核。

保罗·董贝
（《董贝父子》）

与书同名的老保罗·董贝痴迷于金钱，把所有未来的希望寄托在年幼的儿子小保罗身上。然而，小保罗体弱多病，年仅 6 岁就去世了。

小内尔之死

连载小说《老古玩店》中的小内尔死了，似乎全世界都在为之伤心落泪。1841 年，当装载最后一期连载杂志的船抵达时，纽约读者冲进码头，迫切地想知道结局。著名的爱尔兰领袖丹尼尔·奥康奈尔在火车上读到这个结局时泪流满面，继而将书扔出窗外。然而，狄更斯极为伤感的叙述并非对所有人都有吸引力。奥斯卡·王尔德（Oscar Wilde）就写道："只有铁石心肠的人在读到小内尔的死时才不会笑出眼泪来。"

令人难忘的人物

萨姆·韦勒

特征：
嬉皮笑脸的伦敦男仆。

经历：
在旅途中成为匹克威克先生的旅伴。

结局：
结束旅程后，萨姆继续留在匹克威克先生的家里。

事实：
萨姆的伦敦腔以及引用他人话语的方式产生了"韦勒比较语"（Wellerism）这个词。

经典语录：
"孩子吞下一法登时，父亲对他说'吐粗来'。"[①]

[①]此处原文为"farden"，是萨姆·韦勒对"farthing"的特殊读法。Farthing 意为"法寻"，指一便士的 1/4，是大英帝国早期的货币。——译者注

奥利弗·退斯特

特征：
孤儿，出生于济贫院。

经历：
落到了一伙小偷手里。

结局：
被一位查出了他的真实背景的好心人所救并收养。

事实：
对这本书的改编，最著名的是莱昂内尔·巴特的音乐剧《奥利弗！》（*Oliver!*），其中包括歌曲《食物，荣耀的食物》（*Food, Glorious Food*）。

经典语录：
"求求你了，先生，我还想要一些。"

费金

特征：
街头小偷、守财奴、犯罪儿童团伙的头目。

经历：
殴打孩子，教奥利弗如何偷窃。

结局：
被捕，并被判处绞刑。

事实：
狄更斯在鞋油作坊做工时，曾与一个名叫费金的男孩一起工作。

经典语录：
"亲爱的。"

尤赖亚·希普

特征：
律师，以令人厌烦的谦卑和谄媚闻名。

经历：
大卫·科波菲尔一生中的邪恶对手。

结局：
入狱。

事实：
有一支英国摇滚乐队就叫"尤赖亚·希普"。

经典语录：
"我太谦虚了。"

狄更斯的成功很大程度上是因为他笔下的许多非凡人物颇受欢迎。他的小说每月连载出版，读者有时间去了解这些人物，并期待他们的下一次亮相。狄更斯观察生活细致入微，并由此创作了许多令人难忘、深受喜爱的角色。他们中的许多人今天仍然是我们文化景观的一部分。

米考伯先生

特征：
职员，总是入不敷出，负债累累。

经历：
与大卫·科波菲尔成为朋友。

结局：
移民到澳大利亚，成为银行家和地方法官。

事实：
米考伯先生是一个永远的乐观主义者，得到他忠诚且坚忍的妻子艾玛的支持。

经典语录：
"会有转机的。"

书籍关键信息

● 《匹克威克外传》　　● 《圣诞颂歌》

● 《雾都孤儿》　　● 《大卫·科波菲尔》

● 《远大前程》

埃比尼泽·斯克鲁奇

特征：
冷血的放债人和吝啬鬼，讨厌圣诞节。

经历：
遇到三个幽灵，让他看到自己的错误。

结局：
翻开人生新篇章，开始对人友善，并且喜欢上了圣诞节！

事实：
据说，在现实生活中有许多斯克鲁奇的原型，包括约翰·埃尔威斯这位著名的英国怪人和吝啬鬼。

经典语录：
"呸！哼哼！"

郝薇香小姐

特征：
在婚礼当天被抛弃，之后一直穿着婚纱，桌子上总是有一个变质的结婚蛋糕。

经历：
训练她的养女艾斯黛拉去伤男人的心。

结局：
因火灾受伤，在去世之前悔悟。

事实：
据说是根据真人故事改编，这个人（伊莱扎·唐尼索恩，即 Eliza Donnithorne）在婚礼当天被抛弃。

经典语录：
"去伤他们的心！"

重要作品：
《大卫·科波菲尔》

《大卫·科波菲尔》是狄更斯的第八部小说，于1850年以书籍形式出版，由费兹绘制插图。此书是狄更斯的第一部以第一人称写作的书，让人一眼就可以看出是部自传。狄更斯似乎最看重这本书。直到他去世，约翰·福斯特的狄更斯传记出版后，读者才意识到《大卫·科波菲尔》浓厚的自传色彩，第一次了解到狄更斯艰难的童年。

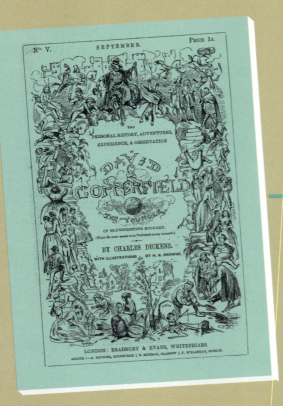

完整标题

《布伦德斯通贫民窟的大卫·科波菲尔之个人历史、冒险、经历和观察》（他从未打算以任何方式出版）

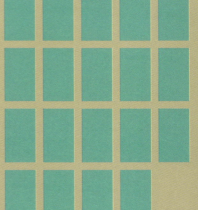

1849—1850

由布莱德伯里和埃文斯出版社（Bradbury & Evans）连载出版。1850年，以书籍形式出版。

每月连载，共

19

期

情节： 母亲去世后，大卫被继父摩德斯通先生（Mr Murdstone）送到一家装瓶厂做工，但他逃了出来，和姨母贝特西·特洛伍德（Betsey Trotwood）住在一起。他的朋友斯提福兹（Steerforth）和汤米·特拉德尔（Tommy Traddles）在故事中反复出现，帮助大卫冒险。在故事的结尾，大卫跟狄更斯一样，最终成了一名成功的作家。

人物原型：

朵拉

大卫的第一任妻子——原型为狄更斯的初恋玛丽亚·比德内尔（甚至包括她的狗吉普）

艾格尼丝

大卫的第二任妻子——原型为玛丽·霍加斯和乔治娜·霍加斯二人的结合

米考伯先生

原型为狄更斯的父亲约翰·狄更斯

大卫的名字：

小说中，大卫很少被称作"大卫"，而是以其他各种名字出现：

戴维（Davy）
特罗特（Trot）
科波菲尔（Copperfield）
特罗特伍德（Trotwood）
雏菊（Daisy）
道迪（Doady）

第 55 章
狂风暴雨

这是狄更斯整部作品中最令人难忘的章节之一，书中的大部分关键情节都在雅茅斯海上猛烈的暴风雨中以悲剧告终，极富戏剧性。在这最激动人心的一章中，狄更斯将自己的想象力发挥得淋漓尽致。他的朋友约翰·福斯特说："这是一种可以与语言中最令人印象深刻的描写相媲美的描写。"

主题
- 儿童剥削
- 婚姻平等
- 阶级
- 财富

狄更斯巡演

1853 年，狄更斯首次公开朗读自己的作品作为一次性的慈善活动。这次活动大获成功，随后，他开始定期举办朗读会，直到去世。狄更斯是一位伟大的演员，不论他扮演什么角色，观众都能记住他说的每一个字。他对台词进行了改写，在笔记的空白处给自己写下舞台指导，确保达到最佳效果。

狄更斯在第二次访问美国归来后，身体每况愈下。1868 年 10 月，他开始了在英国的告别巡演，其中，他对《雾都孤儿》里南希被谋杀部分的朗诵紧张刺激，扣人心弦。狄更斯在这场表演中所付出的精力和激情似乎伤害了他的健康，并很可能导致他在次年早逝。

1858—1859
英国巡演

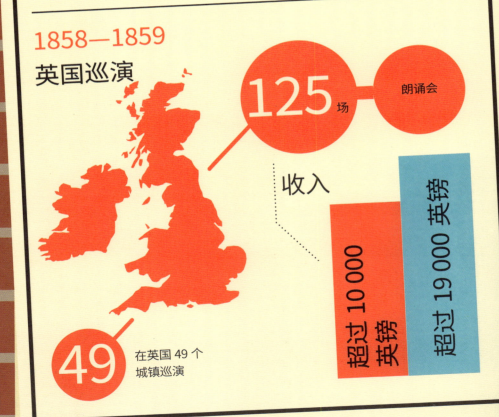

125 场 — 朗诵会

49 在英国 49 个城镇巡演

收入

超过 10 000 英镑

超过 19 000 英镑

1867—1868
美国巡演

到访的城市包括纽约、波士顿、费城、华盛顿、锡拉丘兹和巴尔的摩。

75 场 | 5 个月

朗诵会

基本道具：

特制朗诵桌

煤气灯

写有舞台指导的手稿

栗色背景幕布

表演中最受欢迎的故事：

《圣诞颂歌》 | 《雾都孤儿》 | 《教堂钟声》 | 《炉边蟋蟀》 | 《匹克威克外传》

狄更斯在美国

现在是 1842 年。你是查尔斯·狄更斯，写了许多畅销书，比如《匹克威克外传》和《雾都孤儿》。你和妻子凯瑟琳刚刚抵达波士顿，受到英雄般的欢迎。

无论走到哪里，欢呼的人群都会向你致意。

前进两格。

纽约公园剧院为你举办了一场"博玄舞会"，共有 300 人参加。

前进两格。

你对贫民窟和监狱的条件大失所望。

后退两格。

回到北美，你对尼亚加拉大瀑布印象深刻，也很喜欢加拿大。

前进三格。

你安排《马丁·朱述尔维特》中的主角去了美国，利用该书批评美国新闻界。

回到起点。

马丁·朱述尔维特

查尔斯·狄更斯

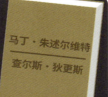

你去纽约旅行。

前进一格。

你做了关于国际版权的演讲，美国新闻界为之愤怒。

后退一格。

你乘船前往圣路易斯，但称密西西比河为"那条悲惨的河流"。

暂停一回合。

你在弗吉尼亚州里士满亲眼目睹了奴隶制。

后退一格。

你回到英国，写了《游美札记》，批评美国的生活方式。

后退三格。

你在《游美札记》和《马丁·朱述尔维特》后来的版本中加入了注释，称赞美国的巨大进步。

到达终点。

终点

工作

重要作品：
《远大前程》

《远大前程》一直是狄更斯最喜爱的小说之一。与《大卫·科波菲尔》一样，《远大前程》也是以第一人称写成，讲述了主人公从少年到成年的发展历程，但其自传色彩不及《大卫·科波菲尔》。

结局？

原始结局：
艾斯黛拉在成为本特利·朱穆尔的遗孀后再婚，皮普目睹了这一切（在出版前读过这篇文章的朋友认为这个结局太悲伤了）。

改后结局：
皮普遇到了艾斯黛拉，他们一起离开了——"我和她将不再分离。"

36 期

从 1860 年 12 月至 1861 年 8 月，在狄更斯的《一年四季》杂志上每周连载，1861 年晚些时候成册出版。

（连载期间）每周售出

100 000 册

01
02
03
04
05
06
07
08
09
10
11

"我爱她，是违背常理，是妨碍前程，是失去自制，是破灭希望，是断送幸福，是注定要尝尽一切沮丧和失望。"

——皮普谈对艾斯黛拉的爱
《远大前程》，1850 年

01 乔·葛吉里
皮普的姐夫，一名铁匠

02 乔·葛吉里夫人
皮普的姐姐

03 毕蒂
皮普的朋友和潜在伴侣

04 阿伯尔·马格韦契
皮普帮助过的逃犯，后来成为皮普的恩人

05 郝薇香小姐
富有的未婚女人，让皮普成为其养女艾斯黛拉的伴侣

06 艾斯黛拉
以伤男人的心为目的被抚养长大，皮普的爱慕对象

07 贾格斯
马格韦契和郝薇香小姐的伦敦律师

08 约翰·威米克
贾格斯先生的职员，皮普的朋友

09 康佩森
罪犯，马格韦契的敌人，最初与郝薇香小姐订婚是为了窃取她的财富

10 奥立克
乔的铁匠铺里的铁匠学徒，皮普的敌人

11 本特利·朱穆尔
粗俗的年轻人，皮普追求艾斯黛拉的情敌

主题

• 阶级 / 财富
• 自我提升
• 野心
• 犯罪 / 罪行
• 良心
• 城市 / 伦敦
• 帝国主义

工作

杂志编辑

作为一名年轻作家，狄更斯为报纸杂志撰写关于伦敦生活的观察性文章。在他的职业生涯中，狄更斯一直担任杂志编辑，因为他相信杂志是他与读者之间紧密联系的基础。除了编辑其他作家提交的稿件外，他还为杂志撰写文章和小说。除了写作 15 部主要小说之外，编辑杂志也需要投入非常多的时间。

《本特利杂文集》

发行时间：	1837—1868
发行周期：	月刊
主编：	狄更斯（至 1839 年） 威廉·哈里森·安斯沃斯（至 1868 年）
连载长篇：	《雾都孤儿》
投稿人：	威尔基·柯林斯 托马斯·洛夫·皮科克 埃德加·爱伦·坡

BENTLEY'S

MISCELLANY.

VOL I.

LONDON:
RICHARD BENTLEY,
NEW BURLINGTON STREET.
1837

《汉普雷老爷的钟》

发行时间：	1840—1841
发行周期：	周刊
主编：	狄更斯
连载长篇：	《老古玩店》和《巴纳比·拉奇》
投稿人：	狄更斯撰写了整本杂志的稿件

销售高峰（单位：千）：

0	50	100

《每日新闻》

1846 年，狄更斯创办了这份新的日报，并编辑了前 17 期。

《家常话》

发行时间：	1850—1859
发行周期：	周刊
编辑：	狄更斯
连载长篇：	《艰难时世》
投稿人：	威尔基·柯林斯
	伊丽莎白·盖斯凯尔

《一年四季》

发行时间：	1859—1895
发行周期：	周刊
编辑：	狄更斯（1870 年狄更斯去世后，他的儿子查理接任编辑）
连载长篇：	《双城记》《远大前程》
投稿人：	威尔基·柯林斯
	伊丽莎白·盖斯凯尔
	爱德华·布尔沃 - 利顿

15部

长篇小说，众多短篇小说、散文和纪实作品。最后一部小说《艾德温·德鲁德之谜》在他去世时尚未完成。

查尔斯·狄更斯

58

与凯瑟琳·霍加斯结婚并育有 10 个孩子

生：1812 年 卒：1870 年

编辑了 **4** 份杂志：《本特利杂文集》《汉普雷老爷的钟》《家常话》和《一年四季》。

他的自传体小说《大卫·科波菲尔》于 1849—1850 年连载出版。

威廉·梅克皮斯·萨克雷

13部

长篇小说，众多短篇小说、散文和纪实作品。最后一部小说《丹尼斯·杜瓦尔》在他去世时尚未完成。

52

生：1811 年 卒：1863 年

他的自传体小说《潘登尼斯》（*The History of Pendennis*）于 1848—1850 年连载出版。

与伊莎贝拉·盖辛·萧结婚并育有 3 个孩子

编辑了**1**份杂志：《康希尔杂志》。

狄更斯和萨克雷完全是同时代的人，出生时间相差不到一年，生活经历相似。两人都是记者出身，写了许多散文和短篇小说，然后开始写长篇小说。不过萨克雷的成功要晚于狄更斯。他们都以连载形式出版了小说，后来也都编辑了杂志。二人曾经是朋友，社交圈相同，但晚年却闹翻了。一直以来，狄更斯都更为成功，留给现今的遗产也更伟大。

工作

费兹

布朗选择这个笔名是为了与狄更斯的笔名"博兹"相配。据说，"费兹"是"相貌"一词的缩写。

19 世纪以连载形式出版的书籍通常配有插图。狄更斯的插画家包括罗伯特·西摩、卢克·菲尔德斯和乔治·克鲁克香克，但服务时间最长的是哈布洛特·奈特·布朗（1815—1882）。布朗在成为一名插画师并为讽刺杂志《笨拙周报》工作之前曾是一名雕刻师的学徒。在原插画家罗伯特·西摩自杀后，费兹首次与狄更斯合作，创作了《匹克威克外传》的插图。费兹将狄更斯作品中的主要人物（如萨姆·韦勒、米考伯先生、沃克福德·斯奎尔斯、甘普夫人和汤姆·平奇）形象化，使他们更受公众喜爱。

伦敦皇家艺术学院（Royal Academy）收藏有

40 幅

他的插图。

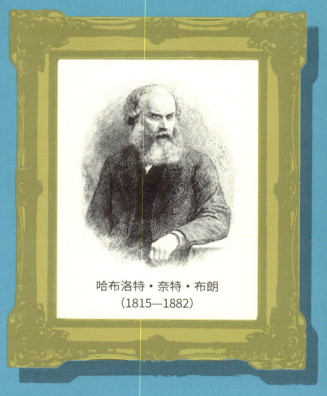

哈布洛特·奈特·布朗
（1815—1882）

2012 年，英国皇家邮政发行了四张费兹的插图邮票，纪念狄更斯诞辰 200 周年。

费兹为狄更斯的 **10** 本著作绘制了插图：《匹克威克外传》《尼古拉斯·尼克尔贝》《老古玩店》《巴纳比·拉奇》《马丁·朱述尔维特》《董贝父子》《大卫·科波菲尔》《荒凉山庄》《小杜丽》《双城记》。

查尔斯·狄更斯

04
遗产

"狄更斯对英国制度的抨击之猛烈无人能及，但是，他却能在做到这一点的同时而不让自己招人憎恨。

更有甚者，被
他抨击的那些人完
全接纳了他，而他自
己则变成了英国的
象征。"

——乔治·奥威尔（George Orwell）
《查尔斯·狄更斯》（*Charles Dickens*）
1940 年

作品数据

不同于 19 世纪文学繁荣时期的许多同时代人，查尔斯·狄更斯的主要作品以及大量的短篇小说和散文时至今日仍在印刷出版。在他出生 200 多年后，他的书仍被世界各地的人喜爱和阅读。他的小说和他塑造的人物长盛不衰，一如既往地得到读者的支持。

《匹克威克外传》
1836

《雾都孤儿》
1837

《尼古拉斯·尼克尔贝》
1838

《老古玩店》
1840

《巴纳比·拉奇》
1841

《马丁·朱述尔维特》
1842

《董贝父子》
1846

《大卫·科波菲尔》
1849

《荒凉山庄》
1852

《艰难时世》
1854

《小杜丽》
1855

《双城记》
1859

《远大前程》
1860

《我们共同的朋友》
1864

《艾德温·德鲁德之谜》
1870

15 部
长篇小说

《圣诞颂歌》

1843

《教堂钟声》

1844

《博兹札记》（散文集）

1836

《游美札记》（游记）

1842

《炉边蟋蟀》

1845

《生活的斗争》

1846

《意大利风光》（游记）

1846

《写给孩子们看的英国史》（儿童读物）

1851

《着魔的人》

1848

根据尼尔森图书数据，在 21 世纪的头十年里，狄更斯在英国畅销书作家中位列第 78 名。

78

作品年表

1835　1840　1845　1850　1855　1860　1865　1870

小说改编

《大卫·科波菲尔》 1913 年

在默片时代，根据狄更斯的作品改编的电影大约有 100 部。其中，最先拍摄的是 1901 年的《斯克鲁奇》，片长 6 分钟。而第一部长篇电影则是由英国电影导演托马斯·本特利执导的《大卫·科波菲尔》。

《大卫·科波菲尔》 1935 年

此部影片是美国米高梅电影制片公司的经典之作，由乔治·库克执导，小说家休·沃波尔改编。片中，W.C. 菲尔兹出色地演绎了米考伯先生这一角色。

《斯克鲁奇》 1951 年

由阿拉斯塔尔·西姆饰演埃比尼泽·斯克鲁奇。本片被视为深受狄更斯喜爱的圣诞故事《圣诞颂歌》的最佳改编版。

《双城记》 1958 年

英国影片，改编自狄更斯描写法国大革命的小说，由德克·博加德领衔主演。

狄更斯的小说充满了丰富的情节和多彩生动的角色，非常适合改编成其他形式。狄更斯在世时，他的小说就经常被改编成舞台剧，后来又被改编成电视剧和电影。从默片时代到黑白电影的早期，再到现在，这些电影有多种版本，包括音乐剧和动画片。

《远大前程》　1946 年

英国导演大卫·里恩改编了两部狄更斯的作品，本片是第一部。约翰·米尔斯饰演皮普，玛莎·亨特饰演令人难忘的郝薇香小姐。本片被普遍视为是《远大前程》一书的最佳改编版本，也可能是目前为止狄更斯小说最好的改编版本，是有史以来最受好评的英国电影之一。

《雾都孤儿》　1948 年

本片是大卫·里恩改编的第二部狄更斯的作品，由亚历克·吉尼斯饰演费金，安东尼·纽雷饰演"狡猾的道奇"，两人的表演令人印象深刻。由于片中对费金的反犹太描绘会招致强烈的批评，该片最初在美国被禁映。

《奥利弗！》　1968 年

莱昂内尔·巴特改编的音乐剧，由卡罗尔·里德执导，获得了包括最佳影片奖在内的六项奥斯卡奖。

《木偶圣诞颂歌》　1992 年

一部深受喜爱的圣诞经典改编作品，由迈克尔·凯恩饰演斯克鲁奇，但其他所有角色都由布偶扮演，包括青蛙布偶柯密特饰演的鲍勃·克拉特基特。

塑造圣诞节

在 19 世纪初的英国，提起圣诞节，人们通常想到的是"老式圣诞节"的传统。至于现代圣诞节，不能说是狄更斯的发明，但他充分利用了人们这种怀旧的情愫和当时的其他发展，塑造了我们今天所知的圣诞节庆祝活动。从《圣诞颂歌》开始，狄更斯每年都会出版一本圣诞主题书籍、一篇圣诞小说或者一期《家常话》杂志的圣诞特刊。圣诞节也出现在他的其他几本书中，包括《匹克威克外传》中的节日庆祝活动。

在完成了第五本圣诞小说后，狄更斯努力挤出时间继续创作每年一度的圣诞故事。为了解决这个问题，他利用自己《家常话》杂志编辑的身份，发行圣诞主题特刊。狄更斯会为《家常话》的每一期圣诞特刊提供一个故事框架，然后让其他著名作家完成其余部分。这些作家包括伊丽莎白·盖斯凯尔和威尔基·柯林斯。

狄更斯的圣诞故事

《圣诞晚餐》
1835

《圣诞颂歌》
1843

《圣诞精灵》
1843

《教堂钟声》
1844

《炉边蟋蟀》
1845

《生活的斗争》
1846

《着魔的人》
1848

《圣诞树》
1850

《大人们的圣诞节》
1851

《穷亲戚的故事》
1852

《孩子的故事》
1852

《小人物的故事》
1853

《七个可怜的旅行者》
1854

《冬青树旅馆》
1855

不列颠万岁 岁 匹克威克 福斯特 少学手 林肯律师学院

双城记 朴次茅斯 斯

狄更斯风格 德鲁德

小说家

查尔斯·

盖德山庄

外科医生

维 多利 利 亚克拉特基特 韦勒 马格 韦 契

欺

骗子 主

马歇尔希监狱

鬼魂 斯黛拉

非常成功

纽盖特穷监狱

惊愕医院夫捐

小生乞里

大英帝国格 普

奥利弗·退斯特　工业革命

鲍勃

柯林斯

费兹

美国

兹

作家

科波菲尔

塔维斯托克

格尔姆

特雷

道堤街

马尼瓦尔旅馆

查令

字

十

盖斯凯尔

凯尔霍

加斯

回王木

米考伯

泰晤士河

德文郡

郝薇香

狄更斯

伦敦

无所顾忌

圣诞节

花源

斯克鲁奇

多斯博伊斯奇

学堂

拉

朗伯德街

尤赖亚·希普

威斯敏斯特

斯提福兹

想象福禄

连载小说

尼克尔贝

编辑

萨克雷

法克雷董贝

小偷　远大前程

狄更斯
博物馆

从 1837 年起，查尔斯·狄更斯一家在伦敦道堤街 48 号住了将近三年。1922 年这栋房子挂牌出售时，狄更斯联谊会（Dickens Fellowship）发起了全国性的呼吁并将其买下。狄更斯联谊会成立于 1902 年，是一个全球性的协会，会员都是对查尔斯·狄更斯的生平和作品感兴趣的人。该联谊会每年出版三期《狄更斯研究》（*The Dickensian*）杂志。

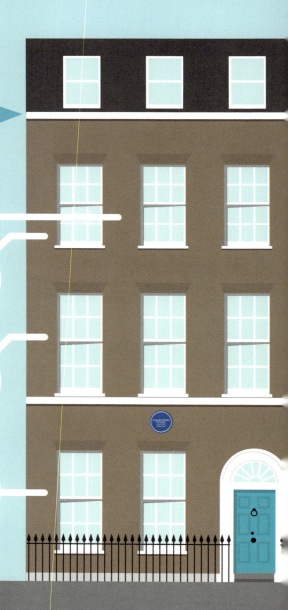

道堤街 48 号

博物馆位于道堤街 48 号和 49 号。游客从 49 号进入，那里还设有礼品店、咖啡馆和办公室。

主卧室／狄更斯的更衣室

儿童房

客厅（后面是狄更斯的书房）

14 个
房间

饭厅

开业时间:
1925 年
6 月 9 日

吉尔福德街

格雷律师学院路

5 层楼，包括地下室和阁楼

博物馆一共收藏有

100 000 件

与狄更斯的生活和工作相关的物品（不仅仅是他住在道堤街那段时间），包括家具、私人物品、绘画、出版物 / 杂志、照片、信件、手稿和珍本。

在这里完成的作品:

- 《匹克威克外传》
- 《雾都孤儿》
- 《尼古拉斯·尼克尔贝》

像狄更斯一样表达

狄更斯在他的职业生涯中一共写了 400 多万字。他将大量的人物名字引入英语中，例如克拉特基特、菲茨威格、米考伯、郝薇香、匹克威克和斯奎尔斯。他还引入了 250 多个新词，或者说至少普及了这些新词的用法。以下是狄更斯为公众提供的时至今日仍在经常使用的词汇或短语：

无所顾忌

"他这个人强大无比、轻松自在、漂泊不定、无所顾忌。"

（《匹克威克外传》）

吝啬鬼

"他可吝啬得很！石头里都能榨出油来！这个斯克鲁奇！他敲骨榨髓、生夺硬抢、紧抓不放、搜刮无度、巧取豪夺！这个贪得无厌的老坏蛋！"

（《圣诞颂歌》）

困惑糊涂

"他就会像意大利人所说的那样经常困惑糊涂。"

（《匹克威克外传》）

暧昧情愫

"打断布劳迪夫妇之间开始隐隐出现的暧昧情愫。"

（《尼古拉斯·尼克尔贝》）

暴跳如雷

"我姐姐一度暴跳如雷，脾气比以往任何时候都大。"

（《远大前程》）

笨手笨脚

"每一次接球失误，每一次挡球失败，他都要把自己的不满发泄到那位尽职尽责的人头上，当众指责道："啊,啊！——笨蛋！""就是现在，笨手笨脚的家伙！"

（《匹克威克外传》）

外科医生

"我以为每个人都知道锯骨人就是外科医生。"

（《匹克威克外传》）

谎言

"呸！都是谎言！"

（《圣诞颂歌》）

繁文缛节

"不列颠尼亚……就像一只被绑起来的家禽一样：被官僚体制刺穿，还被繁文缛节捆住翅膀和脚。"

（《大卫·科波菲尔》）

"像虫子爬"

"她埋怨冷风钻进背脊，说像虫子在爬一样。"

（《大卫·科波菲尔》）

接下来会发生什么?

1870 年 4 月,《艾德温·德鲁德之谜》的第一期月刊连载发行,它被视为狄更斯的回归。他最后一部重要小说《我们共同的朋友》于 1864 年出版。在此期间,狄更斯一直忙于公开朗诵和第二次访美。《艾德温·德鲁德之谜》原计划分 12 期月刊连载发行。狄更斯在 1870 年 6 月去世前写了 6 期,前 3 期是在他在世时发行的,后 3 期则是在他去世后的几个月里发行的。人们一直在猜测,如果狄更斯能活着完成这部小说,结局会如何?

其他未完成的伟大小说

《桑迪顿》(*Sanditon*)
简·奥斯汀　1817

《布瓦尔与佩库歇》(*Bouvard Et Pecuchet*)
居斯塔夫·福楼拜　1880

《比利·巴德》(*Billy Budd*)
赫尔曼·梅尔维尔　1891

《城堡》(*The Castle*)
弗兰兹·卡夫卡　1924

《最后的大亨》(*The Last Tycoon*)
弗朗西斯·斯科特·菲茨杰拉德　1940

情节

故事发生在"克洛斯特汉姆"（Cloisterham，根据肯特郡的罗切斯特改编而来）。在一段包办婚姻中，艾德温·德鲁德与孤儿罗莎将在成年后结婚。然而，两人意识到他们更像是朋友而不是恋人，于是决定解除婚约。之后不久，艾德温在平安夜失踪了，据推测已死亡。有迹象表明，杀害他的凶手可能是他的叔叔约翰·贾斯珀，他爱上了罗莎。

可能的结局？

1

约翰·贾斯珀杀害了艾德温·德鲁德，并把尸体藏在教堂的地下室。

（托马斯·鲍尔·詹姆斯写了这个结局，声称是狄更斯死后托梦告诉他的。）

2

艾德温·德鲁德还活着。

（1872 年，美国作家亨利·莫福德写了一个结局——艾德温·德鲁德幸免于难。）

3

艾德温·德鲁德被他的对手内维尔·兰德里斯杀害。内维尔是罗莎·兰德里斯的双胞胎兄弟，他与罗莎交朋友，增加了情节的多重性。

强有力的证据表明，狄更斯有意在本书后面部分披露约翰·贾斯珀是凶手。他的朋友兼传记作者约翰·福斯特、插画家卢克·菲尔德斯和他的儿子查理都证实了这一点。

小传

查尔斯·库利福德·博兹·狄更斯

（1837—1896）

狄更斯的第一个孩子，一个失败的商人。他在狄更斯去世后接管了《一年四季》杂志的编辑工作。后来编写了参考书《狄更斯伦敦词典》和《狄更斯泰晤士词典》。

凯瑟琳·霍加斯·狄更斯

（1815—1879）

生于爱丁堡，是报纸编辑乔治·霍加斯的女儿。与狄更斯结婚，育有 10 个孩子。1858 年与狄更斯分居，但仍然对他忠贞不渝，并在去世后将狄更斯写给她的书信遗赠给大英博物馆。

威尔基·柯林斯

（1824—1889）

小说家和剧作家，最著名的作品是《白衣女人》和《月亮宝石》。他同时与两个不同的女人组建了不同的家庭。他是狄更斯的好友，并为狄更斯的杂志撰稿。二人还一起合作过戏剧作品。

威廉·查尔斯·麦克雷迪

（1793—1873）

演员，1816 年在伦敦舞台首秀，从此声名鹊起。他结过两次婚，是狄更斯女儿凯特的教父，而狄更斯又是麦克雷迪的儿子亨利的教父。

爱德华·查普曼

（1804—880）和

威廉·霍尔（1800—1847）

狄更斯的出版商，合作时间为 1840—1844 年以及 1859 年至狄更斯去世。查普曼和霍尔出版公司还出版了萨克雷、安东尼·特罗洛普、伊丽莎白·巴雷特-布朗宁和伊夫林·沃等人的作品。

凯特·麦克雷迪·狄更斯

（1839—1929）

狄更斯和凯瑟琳分居时，凯特是唯一一个站出来反对狄更斯并站在凯瑟琳一边的孩子。她的第二任丈夫是艺术家查尔斯·爱德华·佩鲁吉尼。后来她也成了一名画家，并从 1877 年开始在英国皇家艺术学院举办画展。

亨利·菲尔丁·狄更斯
（1849—1933）

在狄更斯的 10 个孩子中排行第八，昵称"哈利"，在法律领域事业有成。1922 年被封为爵士，是作家莫妮卡·狄更斯的祖父。

威廉·梅克皮斯·萨克雷
（1811—1863）

英国小说家和诗人，生于加尔各答。最著名的作品是《潘登尼斯》《巴里·林登》和《名利场》。他也是《康希尔杂志》的主编。在有生之年，他的成就仅次于狄更斯。

爱德华·布尔沃·利顿·狄更斯
（1852—1902）

狄更斯的第 10 个孩子（以作家爱德华·布尔沃 - 利顿的名字命名），昵称"普洛恩"。16 岁时移民澳大利亚，成为新南威尔士州议员。死时身无分文，终年 49 岁。

艾伦·特南
（1839—1914）

通常被称为内莉，是一位女演员，但最著名的身份是狄更斯的情人。因为她，狄更斯于 1858 年离开了妻子。狄更斯去世六年后，艾伦嫁给了乔治·鲁宾逊，后者对她与狄更斯的关系一无所知。他们有两个孩子，还在马盖特开办了一所男校。

约翰·福斯特
（1812—1876）

文学和戏剧评论家、作家、编辑，伦敦文坛的杰出人物。在 1874 年撰写狄更斯的第一部传记之前，他还出版了关于奥利弗·戈德史密斯和莎士比亚的作品。

威廉·布拉德伯里（1799—1869）和弗雷德里克·埃文斯
（1804—1870）

两人购买了《笨拙周报》杂志，并出版了萨克雷的《名利场》，从而由印刷商转变为出版商。1844 年，他们成为狄更斯的出版商，出版了他的几部小说和杂志《家常话》。

- 🔴 家人
- 🟠 朋友
- 🔵 作家
- 🔴 出版商

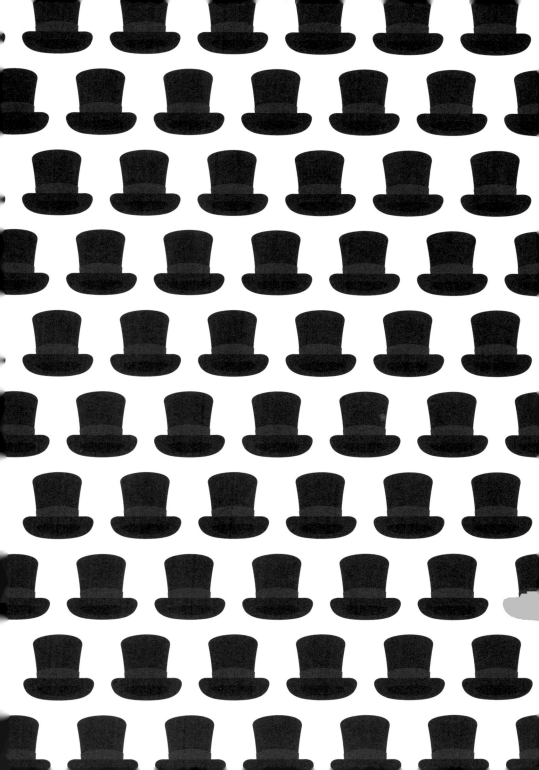

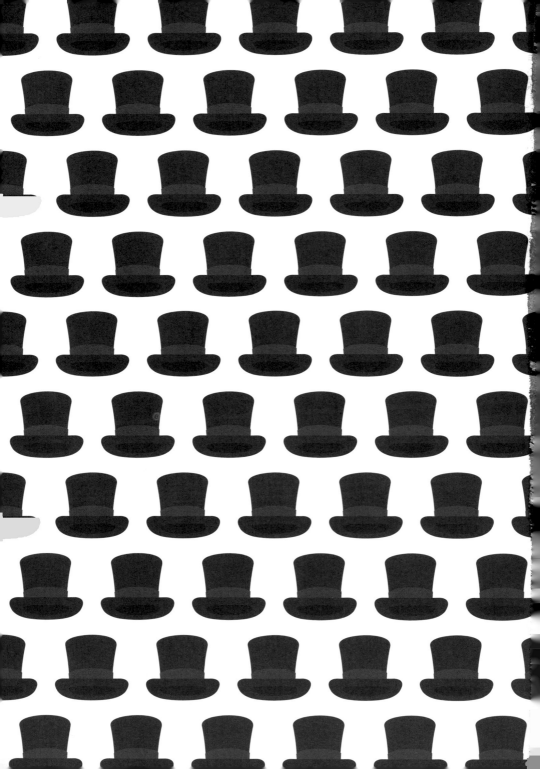